PE. MARCOS SILVA, C.Ss.R. (Org.)

SÃO GERALDO,
EM TUAS MÃOS, MINHA
GESTAÇÃO

Orações para gestantes

EDITORA
SANTUÁRIO

Coordenação Editorial: Ana Lúcia de Castro Leite
Revisão: Luana Galvão
Diagramação e capa: Mauricio Pereira

ISBN 978-65-5527-011-2

3ª impressão

Rua Pe. Claro Monteiro, 342 – 12570-045 – Aparecida-SP
Tel.: 12 3104-2000 – Televendas: 0800 - 016 00 04
www.editorasantuario.com.br
vendas@editorasantuario.com.br

Apresentação

São Geraldo Majela, desde muito tempo, tem sido companheiro de intercessão e modelo vocacional para mim. É o santo protetor das mulheres grávidas e das crianças recém-nascidas; mas ele vai muito além em seu serviço de interceder junto ao Bom Jesus pelos que sofrem. São inúmeros os relatos de graças alcançadas, e cresce cada vez mais a admiração do povo por esse irmão Redentorista.

Em 2014, lancei um livro intitulado "São Geraldo, modelo de vocação redentorista", voltado para o público dos jovens vocacionados. Agora, ofereço-vos "São Geraldo, em tuas mãos, minha gestação". Esse nasce após tantos encontros com as gestantes, escutando suas dificuldades, e também a partir de milagres que, ao longo de meu caminho, vi acontecer. Sempre que encontro uma gestante, já falo de São Geraldo, entrego o lenço e a oração.

A gestação é, sem dúvida, um momento mágico de perceber a grandiosidade de Deus. Neste livro, as mulheres poderão encontrar orientações e orações para acompanhar sua gestação. Vivendo esse período na intimidade com Deus e suplicando o auxílio de São Geraldo, acredito que tudo será bem melhor.

Espero que contribua para tornar São Geraldo mais conhecido, auxiliar as gestantes e garantir o nascimento de crianças mais sadias psicológica e espiritualmente.

Pe. Marcos Silva, C.Ss.R.

São Geraldo Majela

Em uma manhã, do dia seis de abril de 1726, nascia, na cidadezinha de Muro, na Itália, o pequeno Geraldo. Sua família, o casal Domingos Majela e Benedita Galella, juntamente com suas filhas, Brígida, Ana e Isabel, aguardava ansiosa a vinda do mais novo membro da família. Era uma casa pobrezinha, humilde, porém o que não faltava era o clima de paz, acolhida e muito amor. Ainda muito novo, já era perceptível em Geraldo algo diferente. Era uma criança como as outras, brincava com seus amigos, fazia algumas estripulias, mas, em suas atitudes, revelava-se como alguém que possuía uma grande intimidade com Ele. Muito piedoso e solidário, deixava transparecer que sua vida realmente era para ser doada a Deus, pois Ele já o havia consagrado. Ge raldo tinha o costume de ir a uma capela, que ficava a uns quatro quilômetros de distância de sua casa. Nela, ele passava o tempo em silêncio, expressando sua devoção a Nossa Senhora, a quem, desde cedo, aprendeu a amar com tão grande amor e inclinação. Aos 25 anos de idade, Geraldo tornou-se Missionário Redentorista, fazendo seus primeiros votos religiosos na Congregação. Dedicava muito tempo à contemplação do Cristo Sacramentado, no qual reconhecia a fonte de sua vida. Via a oração, como um precioso meio de chegar mais perto de Deus, e a Eucaristia, como a forma que Deus encontrara para ficar mais próximo dele, ficar com ele. Mesmo nos momentos de trabalho, Geraldo nunca deixava de estar em sintonia, querendo então fazer tudo para sua vontade. Naquele Irmão, muitas vezes fraco, era possível notar que havia um mistério que o cumulava de coragem e disponibilidade para evangelizar; essa força era seu sustento, era a Eucaristia. Deus agia em Geraldo e sabia o quanto ele era necessário para a construção do Reino. Depois de muitos sofrimentos, causados por uma grave doença na época, no dia 16 de outubro de 1755, com apenas 29 anos, Geraldo partiu para o encontro definitivo com o Deus, que tanto amou, entregando sua alma inteiramente a Ele.

Padroeiro das Mulheres grávidas

Geraldo ficou conhecido como protetor das mães e de seus filhos. Vários foram os milagres realizados por ele, mas os milagres em prol das mães eram frequentes. Por isso ficou conhecido como aquele que intercede a Deus pelas mulheres grávidas e por todas as mães. São inúmeros casos, até hoje, de mulheres que confiam seus filhos a São Geraldo e alcançam a graça desejada.

A história nos conta que Geraldo, certa vez, visitou uma mulher enferma e acabou esquecendo seu lenço em sua casa. Logo após alguns dias, dando conta do esquecimento do lenço, a mulher pediu que sua empregada devolvesse a Geraldo no convento. Ele não quis o lenço de volta e enviou o recado: diga a ela que precisará desse lenço. Passado algum tempo, essa mulher, curada de sua enfermidade, veio a engravidar. No dia do parto teve muitas complicações. Foi quando se lembrou do lenço do irmão Geraldo. Com ele em suas mãos e com fé suplicou sua ajuda. As dores cessaram, e o parto aconteceu normalmente.

Esse é apenas um relato de milagre de nosso simples irmão Geraldo. Do céu sua missão é interceder junto ao Bom Jesus pelas mães, pelas gestantes e pelas crianças. A bondade e grandeza desse intercessor ultrapassam bem mais, ele tem muitos milagres realizados em favor de doentes e em situações de difíceis resoluções. As pessoas mais simples afirmam: São Geraldo é santo forte!

O que significa ser mãe?

Ser mãe é bem mais do que gerar uma vida. Diante desse termo "mãe", podemos fazer uma análise de diversos ângulos e chegar a inúmeras definições diferentes. Podemos defini-lo a partir do olhar psíquico, religioso, social e da visão de cada mulher que experimenta ou experimentou essa condição.

Esse significado determinará o jeito de ser mãe e a personalidade da criança gerada. Com a palavra mãe surge ainda outra de extrema importância, maternidade. Diríamos que é o ser mãe em exercício constante. Enquanto mãe é a imagem em si, maternidade é o reflexo, o desenrolar dessa nobre função.

A maternidade, reflexo da mãe, traz traços de todas as experiências ligadas à essência feminina de cada mulher. Nesse momento, é uma história que vem à tona desde a infância, a relação com a própria mãe, suas brincadeiras infantis de ser mãe, suas primeiras experiências, a adolescência, o desejo de ser mãe e a gravidez. Logo, podemos perceber que o ser mãe é uma construção que vem sendo moldada há muito tempo em cada mulher. Um potencial elaborado pelos caminhos percorridos e que, em determinado momento, em contexto específico da história, deixa de ser possibilidade para tornar-se realidade.

Muitas mulheres que hoje são mães, um dia, já treinaram com suas bonecas o cuidar de um bebê; um sonho latente dentro de cada uma. A força do tornar-se mãe está ligada a essa satisfação de um sonho alimentado em si durante muito tempo de sua vida. Um dia aquela criança, já crescida e amadurecida, recebe a grande notícia: Parabéns! Agora é mamãe! A alegria é inexplicável e impossível de ser expressa em sua totalidade. Não é alegria daquele momento, mas de uma vida.

Na fase adulta pode ser que esse sonho não possua tanto brilho devido às circunstâncias atuais da mulher, às experiências realizadas em sua trajetória. Alguns acontecimentos colocam em risco esse seu desejo, substituindo-o pelo medo, pensamento de incapacidade, pela rejeição ou pelas diversas ideias atribuídas à maternidade, como fator que lhe roubará a liberdade, o corpo sedutor e os sonhos de princesa. Aqui, cada história traz suas imagens, ressignificações, superações e realização. É impossível ter um padrão do processo psíquico e significativo da gestação. Cada mulher experimenta de forma singular, positiva ou negativamente, essa realidade em sua vida e em seu corpo.

Na visão religiosa, ser mãe e exercer a maternidade é dom divino. Existe uma forte ligação entre essa vivência da mulher e o amor de Deus. Podemos dizer que, na face e nos cuidados de cada mulher, que de fato assume com liberdade e compromisso a maternidade, o mundo pode conhecer como Deus ama e cuida de seus filhos. Em sua infinita sabedoria, Deus nos oferece esse caminho de fazermos experiência de um amor puro, sem limites, misericordioso por intermédio de nossa mãe. Só assim Ele poderá falar de amor e nós poderemos compreender que Ele nos fala. Sabia o Pai que da realidade divina nem todo homem e toda mulher teriam a experiência, mas teriam a de mãe, afinal todos os que vieram a este mundo sabem do que se trata. Assim, quis também que seu Filho, o verbo encarnado, fizesse a sublime experiência humana de ter uma mãe, um colo, afago, olhar, e todos esses elementos lhe deram base para ser um homem íntegro e para, com toda a convicção, anunciar o Reino dos céus. A presença da Mãe Maria foi de extrema importância na construção da identidade de Jesus, que com ela foi se descobrindo Filho de Deus.

Nesse contexto, Maria tornou-se modelo de mulher e mãe. E o primeiro exemplo de Maria é aceitar a maternidade como vontade de Deus. "Sim!", faça-se em mim segundo sua vontade. A partir daqui, a gestação começa na aceitação de que ser mãe é vontade de Deus e que a criança será acolhida desde agora como dom. Podemos ler o Evangelho de Lc 1,26-38 com esse olhar voltado para perceber como Maria, jovem, acolheu a novidade do ser mãe. Primeira atitude, assustou-se. Aqui há mistura de alegria com dúvidas; cada mulher também passa por isso, mesmo as que desejam e planejam a gravidez. "Eu quero ser mãe!" "Descobri que estou grávida." Alegria! "Será que darei conta?" Processo natural do aperceber-se adentrando um novo momento de sua vida. Segue o momento dos sonhos, projeções e vislumbres. "Esse menino será grande, Filho do Altíssimo, e seu nome será Emanuel!" E Maria, em sua mente, criou as imagens dessa notícia. Diante de tudo isso, o "Fiat", faça-se! Uma ordem de quem contempla que tudo isso é fruto de muito amor. "Desejo fazer essa experiência de amor nunca feita. Acolho. Quero. Não há espaço mais para questionar, temer ou fugir da maternidade." Esse sim à maternidade traduz-se também de forma simples e bela quando escuto algumas mulheres dizerem: "Vindo com saúde é o que importa, não é, padre?" Aceitação! Atitude que vai contra uma sociedade que deseja dominar tudo, inclusive no âmbito gestacional com possibilidade de manipulação em laboratório de características físicas e do sexo do futuro bebê. Quando não aceitamos a vontade de Deus, buscamos caminhos, para que a nossa se realize, e pagamos, financeira e espiritualmente, muito caro por nossa interferência no projeto divino.

Fatores que interferem no equilíbrio da gestação

a) Ansiedade

A ansiedade tem sido um descontrole emocional presente na vida da maioria das pessoas. Olhando de forma mais aprofundada e baseando-se em um grande conhecedor do psiquismo humano, Freud, o aparecimento da ansiedade estaria relacionado com duas situações: traumáticas e de perigo. As situações traumáticas seriam aquelas em que o psiquismo do indivíduo recebe muitos estímulos e não pode descarregar ou dominar, então, automaticamente aqui desenvolve a ansiedade. Para ilustrar, é como um bebê com fome, desejando muito ser amamentado, sem a mãe estar presente. Nesse momento, ele tem um estímulo, quer realizar um prazer, mas não é correspondido. Sozinho ele não pode obter esse prazer (amamentação), pois sua fonte de satisfação (mãe) não está presente. Sua mente aqui é tomada por muitos estímulos, que, não podendo descarregar ou dominar, cedem espaço para a ansiedade. Essa fenda aberta o acompanhará por toda a vida.

A ansiedade é, em dose normal, algo próprio do ser humano. Ela nos motiva a buscar caminhos, realizar projetos, transformar a vida. O desequilíbrio ocorre quando a ansiedade foge do controle e gera, no corpo, uma descarga grande de toxinas, oriundas das medicações ou da própria inquietação mental. Esse processo encontra diversas formas de manifestação no corpo: insônia, alimentação compulsiva ou falta de apetite, compulsividade por comprar, entre outras atitudes. Compreendem que, no fundo disso tudo, há uma busca desenfreada de satisfação? A ansiedade é busca incontrolável de algo, projeta-se no comer, no ter, no fazer, como ilusão, mas, na verdade, há outra busca escondida.

A mulher grávida, pela questão hormonal, já trará inclinação ao aumento da ansiedade, porém a consciência desse processo pode evitar danos maiores. É preciso ter claro que toda agitação desnecessária chega até o bebê e que isso, após seu nascimento, poderá revelar-se em seu sono, sua sensibilidade e na forma de relacionar-se com o mundo. A tentativa de manter o equilíbrio precisa ser constante. Repito que é impossível viver sem ansiedade, mas você pode esforçar-se para não perder o equilíbrio. Lembre-se da vida que carrega no ventre.

b) Relação com sua mãe

A mulher traz memória de sua relação com a própria mãe ao perceber-se mãe. Essas lembranças podem ser cheias de positividade ou de marcas negativas de rejeições, distanciamentos e ausências. É preciso ter consciência de que muitas das atitudes mãe-bebê são oportunidades de curar o passado. O que aconteceu com você pode ter influenciado quem você é, porém não a determina. Você pode fazer diferente! Não deve repetir os erros, as palavras e os riscos em sua própria gestação. Precisa reconhecer que muitos dos comportamentos de sua mãe foram por falta de conhecimento, pelo contexto das relações, pela situação financeira etc. Por isso:

Lembranças positivas da Mãe – Reforce, potencialize, aperfeiçoe em seu jeito de ser mãe.

Lembranças negativas da Mãe – Perdoe, liberte-se, releia.

Muitas vezes, as mágoas e experiências negativas com a mãe no passado criam na mulher uma força de rejeição que não possibilita que ela mesma gere. Como fundo, permanece o medo de ser mãe e repetir as mesmas atitudes. Insegurança, falta de confiança em si mesma e preocupação são algumas das inquietações desse momento.

c) Relação com seu ser mulher

A gravidez desenvolve na mulher uma satisfação por alcançar a realização de um desejo, em parte consciente e em outra inconsciente, de ser mãe. Essa condição do estar grávida para cada mulher traz um sentido diferente diante de sua própria história. Ela passa por um processo transformador que a amplia de mulher para mãe. Esse dinamismo é marcado por todo um processo químico, psíquico e espiritual. É visível a força que emana de uma mulher-mãe ao contemplar, pela primeira vez, a face de sua criança. No processo do corpo feminino, os hormônios passam a trabalhar incansavelmente para que todas as estruturas se adaptem a essa nova estação de vida. A mulher aumenta a capacidade de estocar energia em seu corpo, desenvolvem-se as glândulas mamárias, acumula-se massa gordurosa, altera-se o humor e aparece o instinto de proteção. Surgem sensações como insegurança, nervosismo, solidão, euforia, ansiedade.

Por muitos motivos, muitas vezes, ao longo da vida, a menina, adolescente, jovem, mulher se distancia do próprio corpo. Complexos de inferioridade, rejeições, relacionamentos abusivos podem favorecer uma depreciação do corpo e um olhar sem muito amor para ele. A mulher que sofre por não se aceitar traz para si uma carga emocional muito grande que afeta negativamente sua gestação. A gestação pode ser vista como um "castigo", que contribuirá, ainda mais, para a deformação do corpo, perda da liberdade e lembrança negativa da sexualidade. Essa relação densa com o ser mulher afetará diretamente a criança, que precisa, desde já, sentir-se acolhida nesse corpo que representa sua primeira moradia. O aconchego, a segurança e aceitação são sentimentos transferidos por uma mulher que está bem na relação consigo mesma.

A rejeição do corpo precisa ser pensada e curada. E também se precisam encontrar os reais motivos que fizeram instalar na mente da mulher essa imagem de si. Perdoar a história, perceber-se em um novo momento da vida, traçar um novo caminho e reinterpretar o sentido da gestação é um caminho possível e libertador. A vida que carrega em si merece o melhor, por isso todo esforço de cura das memórias corporais será válido.

d) Insegurança no relacionamento

Muitas mulheres, durante a gravidez, sentem medo de serem abandonadas. Não é abandono apenas da ausência física do parceiro, risco de deixá-las gestantes, mas o abandono de não serem cuidadas, não terem o companheiro ao lado, não se sentirem protegidas. A insegurança no relacionamento é um fator que afeta o emocional e, consequentemente, o processo gestacional de algumas mulheres. Por mais que seja um momento de muita realização pessoal, a mulher também, em alguns momentos, experimenta o sentimento de fragilidade. Por isso, a importância da presença efetiva e afetiva masculina. Mais do que nunca, ela precisa sentir segurança, no relacionamento, amparo e proteção.

Infelizmente, em algumas situações, a notícia da gravidez chega em meio a um relacionamento já conturbado, e, desde os primeiros momentos, a mulher já tem a certeza de que será um caminho solitário. Ela nem sempre poderá ter um caminho totalmente bem provido dos elementos essenciais para uma gestação sadia, porém, quando for possível, que sejam valorizadas e, inclusive, estimuladas certas atitudes relacionais que trarão bons efeitos.

Orações para cada mês de gestação

A gestação é um processo de extrema beleza que merece ser acompanhado, contemplado e rezado. A metodologia de acompanhar cada mês de gestação envolve os pais nesse grande advento, ou seja, caminho de espera pela vida que há de vir. Na Igreja Católica, a celebração do Natal do Senhor é antecedida de semanas de espera orante, acendendo-se luzes a cada domingo e recitando: "Vem, Senhor Jesus".

Assim como é importante o pré-natal, as ultrassonografias, visitas periódicas ao médico, dieta balanceada, também se faz necessário rezar pela vida que se forma. A oração possui força de proteção e é canal da bênção de Deus.

Nossas palavras geram vibração, energia. Rezar é emanar uma grande quantidade de energia guiada pelo pensamento e direcionada para aquele fim ou aquela pessoa pela qual suplicamos. Então, aprendemos que não basta repetir palavras, é preciso criar clima adequado para oração, esvaziar nosso pensamento de outras questões, perceber a presença de Deus e direcionar nossa súplica.

A seguir há nove orações. Uma para cada mês de gestação. Sugiro que, antes de recitar cada uma delas no dia em que completa o mês ou no dia 16 de cada mês (em referência ao dia 16 de outubro, em que celebramos São Geraldo), esteja em ambiente de silêncio, acenda uma vela para o anjo da guarda de seu bebê, faça o sinal da cruz em você, uma pequena cruz em sua barriga, coloque a mão direita no ventre e comece a rezar. Caso o esposo possa estar presente nesse momento, é bom que acompanhe, colocando a mão sob a sua, e rezem juntos o Pai-nosso, a Ave-Maria e o Glória ao fim de cada súplica.

Primeiro mês

Ó Glorioso São Geraldo Majela, neste primeiro mês de gestação, desejo, primeiramente, agradecer o dom de ser mãe. Sinto-me agraciada por Deus e, aos poucos, o novo toma conta de minha vida. Desejo, desde já, amar este novo ser e purificar-me de todo sentimento, pensamento ou toda atitude que venha interferir em minha gravidez.

Que a luz do amor chegue a cada célula que se forma e que bons sentimentos sejam implantados no formar desse novo filho de Deus. Concede-me a graça de cada dia aprender a ser mãe e que as transformações em meu corpo não gerem em mim angústia, preocupações e medos, mas sim me façam acolher tudo como parte desse grande e milagroso processo de gerar a vida.

São Geraldo, meu protetor, continua intercedendo por minha gestação!

Nossa Senhora do bom parto, rogai por mim e por meu bebê!

Pai nosso...

Ave, Maria...

Glória ao Pai...

Segundo mês

São Geraldo Majela, fiel intercessor das mulheres grávidas, eis-me recorrendo a tua intercessão por mim e pela vida que trago no ventre. Consagro-te este segundo mês de gestação. O milagre da vida pulsa em mim com força e alegria inexplicável. Desejo ser capaz de atingir o autocontrole de minhas emoções para bem formar essa criança em mim.

Suplico que as agitações externas não influenciem nesse meu processo e que nada desvie meu foco de amar, cuidar e proteger a mim e ao presente que acolho em meu ventre dado por Deus. Concede-me a graça de viver desde já a doçura da maternidade e o olhar atento próprio de quem sabe amar.

São Geraldo, meu protetor, continua intercedendo por minha gestação!

Nossa Senhora do bom parto, rogai por mim e por meu bebê!

Pai nosso...

Ave, Maria...

Glória ao Pai...

Terceiro mês

Meu amigo, São Geraldo! O coração está cheio de gratidão por sentir cada dia o valor de ser mãe. Neste terceiro mês de gestação, já sinto uma grande responsabilidade pela vida que carrego. Meu corpo demonstra, em diversos sintomas, que algo diferente está acontecendo no interior de meu útero, nessa oficina do amor. Que eu saiba aproveitar cada momento para crescer na sensibilidade, no cuidado necessário e na sintonia com a nova vida que cresce em mim.

Afasta todo medo e quaisquer sentimentos negativos, assim como toda tentativa de não desejar a vontade de Deus. Peço apenas a saúde para mim e para esta criança. Que não nos faltem a graça de Deus e teus cuidados, glorioso São Geraldo.

São Geraldo, meu protetor, continua intercedendo por minha gestação!

Nossa Senhora do bom parto, rogai por mim e por meu bebê!

Pai nosso...

Ave, Maria...

Glória ao Pai...

Quarto mês

Servo de Deus, São Geraldo Majela, agradeço-te ter me acompanhado até aqui. Quatro meses de gestação e já posso perceber a grandeza de ser mãe. Tantos mistérios envolvidos, tantas descobertas, cada dia um novo sonho nasce em mim. Como é bom ter uma gestação orante. Sinto a cada dia mais a presença de Deus e da Virgem Maria comigo. Percebo cada vez mais que a maternidade é dom de Deus, inexplicável dom de amor.

Tantas graças já tens concedido a mim, pobre devota, mas ainda te peço que intercedas ao coração de Deus a graça da paciência nos desconfortos do corpo, da mansidão com as palavras, da serenidade diante das situações que aparecem para serem resolvidas. Que nada venha interferir em minha gestação e que a cada dia essa criança seja desenvolvida em ambiente de paz e harmonia.

São Geraldo, meu protetor, continua intercedendo por minha gestação!

Nossa Senhora do bom parto, rogai por mim e por meu bebê!

Pai nosso...

Ave, Maria...

Glória ao Pai...

Quinto mês

São Geraldo, fiel devoto do Senhor, aqui estou pedindo tua intercessão. Os dias passam e a sensação de ser mãe traz a mim tantas surpresas. Descubro minhas potencialidades e fragilidades. Peço-te auxílio, neste quinto mês, para que eu tenha saúde, paciência e forças. Cuida desta nova vida que trago em mim. Que o Espírito de Deus esteja comigo em minhas decisões para que tudo seja feito para o bem.

Confio em tua intercessão e em teus cuidados. Tu, que descobriste a beleza da vida e a presença de Deus nas pequenas coisas, ajuda-me a permanecer atenta aos pequenos sinais e a alegrar-me com eles.

São Geraldo, meu protetor, continue intercedendo por minha gestação!

Nossa Senhora do bom parto, rogai por mim e por meu bebê!

Pai nosso...
Ave, Maria...
Glória ao Pai...

Sexto mês

Bondoso São Geraldo Majela, aqui estou para mais uma vez consagrar minha criança a Deus por tua intercessão. Conforta-me saber que tu tens atendido minhas súplicas e permanecido a meu lado durante esta gestação. Os movimentos ficam cada vez mais intensos em meu ventre e liga-me profundamente a este novo ser. Peço-te a graça de amar cada vez mais e desejar a cada instante a paz.

Na agitação do dia a dia, peço-te tranquilidade. Nos momentos de nervoso, concede-me a paz de Deus. Em minhas fraquezas, fortalece-me. Aumenta minha confiança no Bom Jesus.

São Geraldo, meu protetor, continua intercedendo por minha gestação!

Nossa Senhora do bom parto, rogai por mim e por meu bebê!

Pai nosso...

Ave, Maria...

Glória ao Pai...

Sétimo mês

São Geraldo, amigo de Jesus e meu, auxílio das mulheres que carregam em si o dom da vida, apresento-me diante de ti em meus sete meses de gestação. Entrego meu coração que, por vezes, bate ansioso e preocupado. Em alguns momentos, esqueço que é preciso confiar acima de tudo em Deus e agito-me com pequenas coisas. Toca meu ventre e abençoa minha criança para que eu sinta paz e tranquilidade.

Cada dia fico mais perto de contemplar a face deste fruto do amor de Deus por mim. Tantos sentimentos estão misturados em mim, por isso te peço que intercedas junto ao Pai por mim para que eu tenha serenidade e vença qualquer ansiedade.

São Geraldo, meu protetor, continue intercedendo por minha gestação!

Nossa Senhora do bom parto, rogai por mim e por meu bebê!

Pai nosso...

Ave, Maria...

Glória ao Pai...

Oitavo mês

São Geraldo, que mereceste receber o título de padroeiro das gestantes, encontro-me no oitavo mês e aproxima-se cada dia mais a hora de dar à luz. Consagro a Deus todo o meu ser e esta criança que virá ao mundo para ser cuidada por mim. Ajuda-me a acalmar minhas emoções e preparar-me bem para essa hora. Livra-me de todos os males e perigos.

Na certeza de tua intercessão, lanço-me plenamente em tuas mãos para que conduzas, na graça de Deus, esses momentos que antecedem meu parto. Quero, até a hora do nascimento, manter-me em sintonia com Deus e sentir tua presença.

São Geraldo, meu protetor, continua intercedendo por minha gestação!

Nossa Senhora do bom parto, rogai por mim e por meu bebê!

Pai nosso...

Ave, Maria...

Glória ao Pai...

Nono mês

São Geraldo, meu protetor e intercessor, simples irmão e de grande beleza diante de Deus, chegou a hora mais esperada por mim: darei à luz! O medo e a ansiedade visitam-me, mas a fé tranquiliza meu coração. Confio em tua poderosa intercessão e sei que tudo correrá bem.

Apresento-te os profissionais que auxiliarão em meu parto, a maternidade, onde serei acolhida, e todas as mulheres que no mesmo dia darão à luz. Intercede por mim junto à Virgem Maria, mãe das mães, para que esteja junto a mim na hora do parto. Estarei com minhas mãos fortalecidas, segurando tua mão e a da Virgem Maria. Superarei toda dor, toda ansiedade e preocupação. Enfim, com saúde e equilíbrio, contemplarei a vida nova e agradecerei a Deus e a tua intercessão, assim que esta criança nascer.

São Geraldo, meu protetor, continua intercedendo por minha gestação!

Nossa Senhora do bom parto, rogai por mim e por meu bebê!

Pai nosso...

Ave, Maria...

Glória ao Pai...

ORAÇÕES DIVERSAS

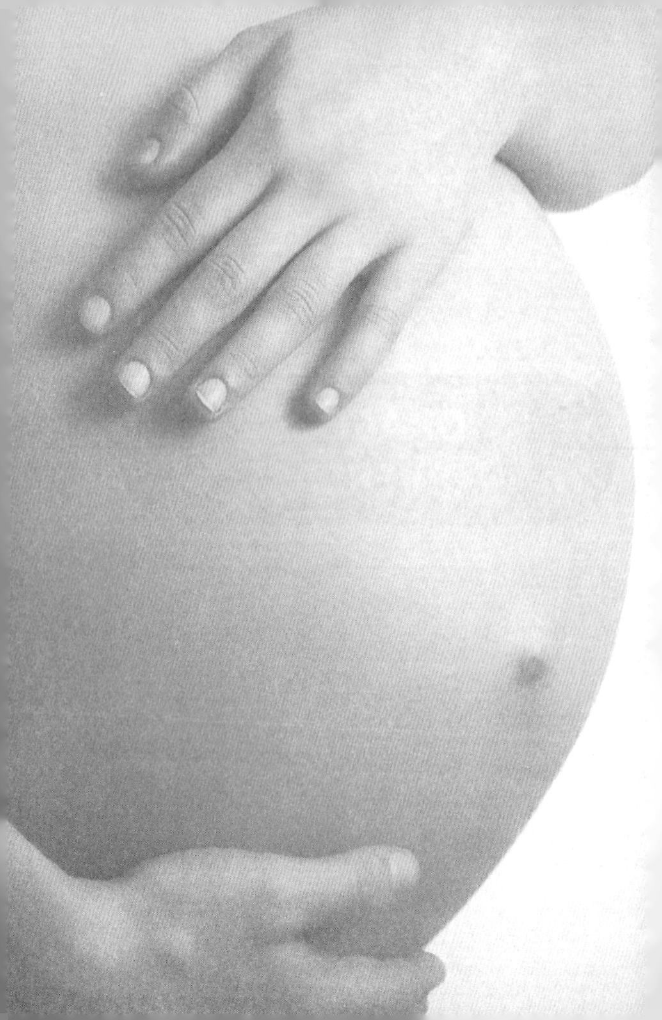

Para engravidar

São Geraldo, quando estavas aqui na terra, fizeste sempre a vontade de Deus conformando-te a ela até ao heroísmo. E Deus te glorificou realizando obras maravilhosas por teu intermédio.

Também eu quero procurar sempre a vontade de Deus e a ela quero me sujeitar com todas as minhas forças. Mas intercede por mim diante de Deus. Pede a Ele, que é o doador da Vida, conceder-me o dom da maternidade.

Pede a ele fazer também de mim um instrumento de sua criação e também me dar a alegria de apertar entre os braços uma criatura minha, para cantarmos juntos as maravilhas de Deus.

São Geraldo, não me abandones! Escuta minha oração. Torna fecundo meu amor, que o próprio Deus abençoou no dia da celebração de meu matrimônio.

Se intercedes por mim, tenho certeza de que logo também em minha casa haverá um alegre choro de criança que testemunhará o amor de Deus pela humanidade. É o que desejo e espero, se for a vontade de nosso Deus. Amém!

Pai-Nosso, Ave-Maria, Glória ao Pai, ao Filho e ao Espírito Santo...

São Geraldo Majela, escuta-me!

Na maternidade

Meu São Geraldo glorioso, aqui estou pronta para dar à luz e vivenciar esse grande momento de profundo amor. Eu, mais uma vez, suplico tua intercessão junto ao Bom Jesus e à Santíssima Virgem Maria, a Senhora do Bom Parto. Entrego, em tuas mãos, toda a equipe médica dessa maternidade e todos que, direta ou indiretamente, estarão envolvidos nesse processo. Consagro minha vida e a de minha criança em tuas mãos. Que tudo ocorra na paz e serenidade, e, ao fim, quando contemplar a face com saúde do novo ser gerado em mim, possa louvar e agradecer-te tal proteção.

Pedindo uma graça

Ó São Geraldo, celestial amigo dos infelizes, ao nos lembrarmos dos grandes milagres que operaste em vida, aumentados admiravelmente após tua preciosa morte, quer nos parecer que eles nos clamam: Confiança! Confiança! Tenham confiança! Bem sabemos que é grande o favor que pedimos e muito acima de nossos merecimentos. Reconhecemos até sermos mais dignas de castigos que favores; pois sem dúvida é justa a punição de nossos pecados, o bem que nos falta e as aflições e dificuldades que nos fazem suplicar. De certo, atraímos sobre nós e sobre aqueles que nos são caros a ira de Deus, transgredindo voluntariamente os preceitos divinos e permitindo que outros também o fizessem. Choramos agora todas as nossas culpas. Pede, ó carinhoso São Geraldo, ao bom Pai Celeste que nos perdoe. Ainda que seja justo sermos castigadas por nossos pecados, afasta de nós e de nossos queridos os flagelos da justiça divina. Alcança-nos, pelos méritos das sublimes virtudes que vos fizeram eterno amigo de Deus, a graça que com toda a confiança pedimos por esta oração. Ó São Geraldo, nosso amigo, nosso milagroso benfeitor, roga por nós a Jesus e Maria, e seremos certamente atendidos.

Pela Família

Glorioso São Geraldo, que viste em cada mulher a imagem de Maria, esposa e mãe de Deus, e quiseste que todas estivessem à altura de sua missão e as auxiliaste com teu apostolado, abençoa-me e a todas as mães do mundo.

Faze-nos fortes para que possamos manter unidas nossas famílias. Socorre-nos na difícil tarefa de educar no Evangelho os filhos.

Dá aos maridos a coragem da fé e do amor para que, com teu exemplo e confortados com teu auxílio, possamos ser instrumentos de Jesus para tornar o mundo melhor e mais justo.

De modo especial, socorre-nos nas doenças, na dor e em todas as necessidades.

Dá-nos a força de aceitar tudo de modo cristão, para que possamos também nós ser imagem de Jesus crucificado como tu o foste. Dá a nossas famílias a alegria, a paz e o amor de Deus. Amém!

Gravidez em risco

São Geraldo, sabes quanto pedi para que também em mim acontecesse o milagre da vida e quanto me alegrei quando senti os primeiros movimentos e tive a certeza de que meu corpo se tornara templo de uma nova vida.

Mas sabes também que a criatura que está dentro de mim corre perigo e que minha tão esperada gravidez corre risco de ser interrompida.

São Geraldo, conheces minha expectativa e minha aflição. Não permitas, portanto, que minha alegria se transforme em choro. Intercede com teu poder junto de Deus, Senhor da vida, para que eu não seja privada da glória de apertar entre meus braços, um dia, uma viva testemunha de seu amor.

São Geraldo, tenho certeza de tua intercessão. Em ti confio, em ti espero. Amém.

Para mãe que perdeu um filho

Glorioso São Geraldo do coração sensível às necessidades humanas, entrego em tuas mãos meu coração repleto de dor pela perda de meu (minha) filho(a). Diante de tamanha angústia, resta-me a confiança em tua intercessão para que eu tenha forças neste calvário. Intercede junto à Virgem Maria por mim, e eu agradecerei eternamente à paz conquistada por minha alma.

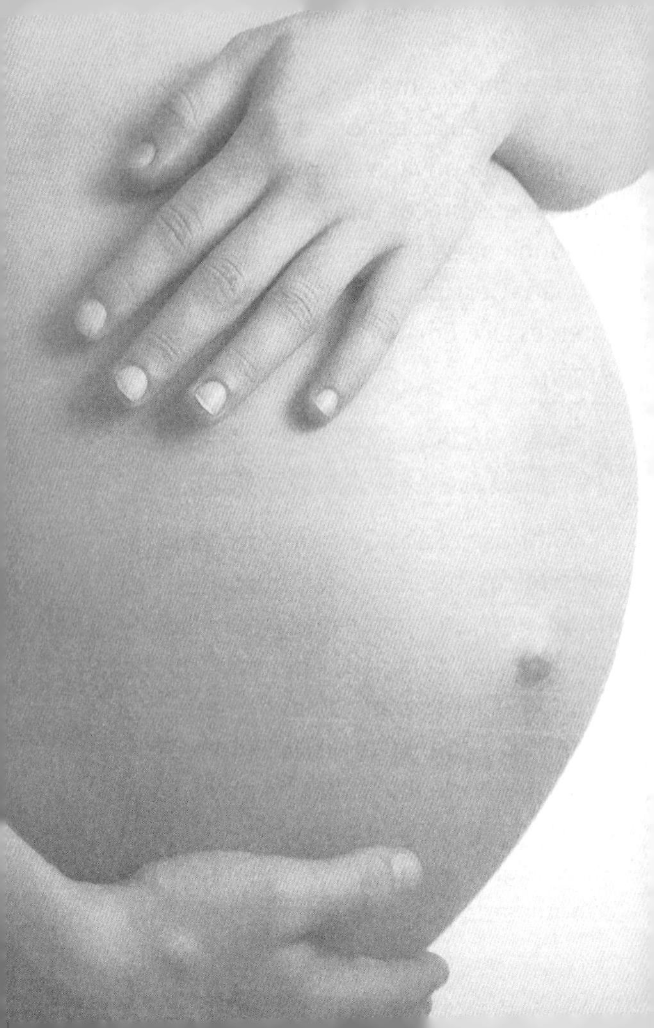

TESTEMUNHOS

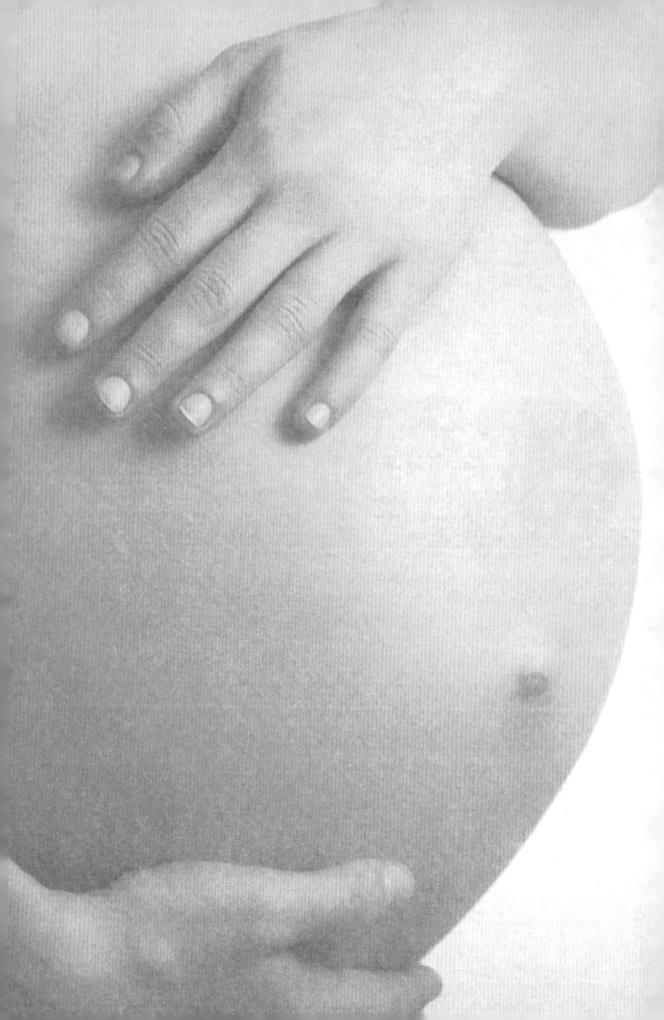

É com gratidão que conto um pouco desta história. Certo dia, pedi ao Pe. Marcos a oração de São Geraldo para uma amiga que queria muito receber a graça de ser mãe. Ela era casada há um tempo e tinha dificuldades para engravidar; fazia alguns tratamentos e não via a hora de engravidar. Ele, prontamente, enviou-me a oração, a qual passei para ela. Poucas semanas depois, muito feliz, ela me deu a notícia de que estava grávida e seu sonho agora era real. Ela deu à luz um lindo menino.

No mesmo dia em que ela me deu a notícia, descobri que estava grávida também. Fomos tomadas por grande alegria. Acredito que São Geraldo intercedeu por nossas famílias junto ao Pai e a Maria Santíssima para trazer nossos filhos. Agradecida por ter protegido toda a minha gestação, rogo a São Geraldo que ilumine essa linda jornada e dê-me o mais profundo amor materno para trazer com alegria a sublime missão de ser mãe. Viva a vida!

Raquel Ribeiro Magalhães de Brito,
Januária-MG

Meu nome é Itana Miranda, cresci escutando que não poderia engravidar devido a problemas hormonais. Passei minha vida toda fazendo tratamentos, mas, no fundo, nunca perdi a esperança de engravidar e o sonho de me tornar mãe. Apareceu em minha vida um anjo bom, Padre Marcos, que me apresentou São Geraldo; apeguei-me a ele e comecei a rezar. Um mês depois, veio a tão sonhada notícia: "Estou grávida!" Minha filha, hoje, encontra-se bem. Uma criança linda e saudável, e, segundo o padre, a primeira menina que São Geraldo envia, pois até então só nascia meninos.

Itana Miranda,
Bom Jesus da Lapa-BA

Minha gestação foi muito difícil, senti muitas dores. Passei as seis últimas semanas com dores que, a cada dia, eram mais fortes; porém não entrava em trabalho de parto. Ia cerca de duas vezes por semana à maternidade para tomar medicações.

Na madrugada do dia 8 de abril de 2017, as dores ficaram insuportáveis, estava fraca, sem forças, sem esperança, desesperada para que todo aquele sofrimento acabasse.

Conversando com Padre Marcos, ele me ensinou uma oração e pediu para eu rezar com muita fé para São Geraldo, que ele atenderia minhas súplicas.

"São Geraldo, que saíste pela janela, retira minha dor e cessa essa espera" (Pai-nosso, Ave-Maria).

Rezei cada minuto daquele dia, suplicando misericórdia e que tudo aquilo passasse. Às 21h15m, meu filho José chegou, saudável e cheio de saúde. Toda aquela angústia e todo o sofrimento acabaram com a intercessão de São Geraldo, que me deu forças para aguentar tanta dor.

Caroline Maria Reis,
Salvador-BA

Sou Manuela, tenho 35 anos, um filho de 5 anos e uma filha de 1 ano. Minha confiança na intercessão de São Geraldo começou em minha primeira gestação. Descobri que tinha hepatite B crônica, e isso me assustou muito. Nunca tinha tido nenhum sintoma da doença. Meu filho, logo ao nascer, teria de tomar uma vacina para protegê-lo do vírus. Durante a gestação, eram constantes as orações pedindo proteção a São Geraldo. Meu filho nasceu saudável. Na preparação para a segunda gestação, o médico hepatologista comunicou que eu teria de realizar uma biópsia do fígado para verificar se a hepatite havia evoluído para uma cirrose. Caso isso fosse confirmado, eu teria de utilizar medicações e não poderia mais engravidar. Entrei em desespero. Voltei para casa, naquele dia, chorando muito. Mais uma vez, apeguei-me com São Geraldo e Nossa Senhora, que intercederam por mim. Ao receber o resultado do exame, nada me impedia de engravidar novamente. Hoje, meus filhos são meus tesouros e agradeço todos os dias a vida e saúde deles. Viva São Geraldo!

Manuela da Silva Santos,
Salvador-BA

Devido a varizes pélvicas, bolhas de sangue no útero, não conseguia engravidar. Eu já tinha um filho do primeiro relacionamento, mas meu desejo e o de meu atual companheiro era termos um filho juntos. Vivia com muita expectativa e sempre que aparecia sintomas de gravidez ia correndo fazer exames. Acabava me frustrando: sempre o resultado era negativo! Foram diversas tentativas. Um dia, conversando com o Pe. Marcos, ele falou-me de São Geraldo, orientou-me e, em determinado dia, fiz mais uma vez o exame. De tão frustrada que estava, não tive nem coragem de buscar o resultado. Todas as vezes que o resultado dava negativo era motivo de os amigos rirem. Pedi que um amigo do laboratório enviasse mensagem apenas se eu estivesse grávida, e assim ocorreu. Veio a mensagem: Parabéns, mamãe! Foi muita alegria! Recebi o lenço de São Geraldo. O médico disse que eu sentiria muitas dores na gravidez, pois o peso da criança em desenvolvimento pioraria o estado das varizes. Era uma gravidez de risco. Comecei a apegar-me a São Geraldo. Tive uma gravidez sem dores. O parto seria cesariano por causa da possibilidade do rompimento de uma dessas varizes, o que geraria uma hemorragia. Para minha surpresa, o parto, que aconteceu no mesmo dia marcado pelo médico para cesariana, foi normal. Foi tudo tranquilo, graças a Deus. O lenço de São Geraldo estava comigo na maternidade.

Flávia de Oliveira Silva,
Bom Jesus da Lapa-BA

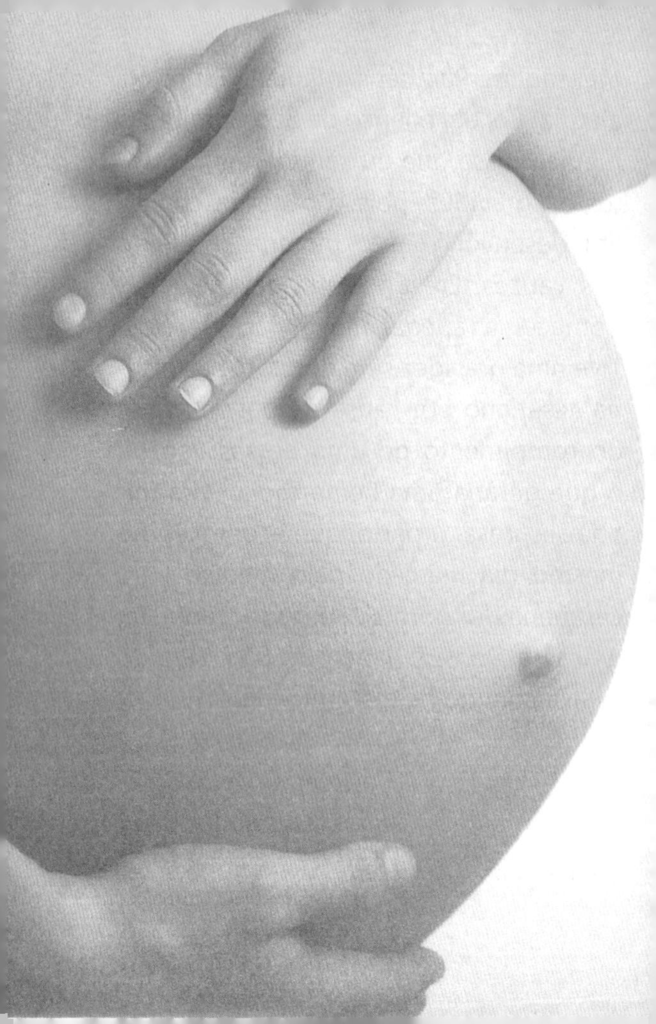

Este livro foi composto com as famílias tipográficas Bree e Segoe
e impresso em papel Offset 63g/m² pela **Gráfica Santuário.**